BEI GRIN MACHT SICH IHR WISSEN BEZAHLT

- Wir veröffentlichen Ihre Hausarbeit, Bachelor- und Masterarbeit

- Ihr eigenes eBook und Buch - weltweit in allen wichtigen Shops

- Verdienen Sie an jedem Verkauf

Jetzt bei www.GRIN.com hochladen und kostenlos publizieren

Psychologie des Gesundheitsverhaltens

L. Meyer

Bibliografische Information der Deutschen Nationalbibliothek:

Die Deutsche Nationalbibliothek verzeichnet diese Publikation in der Deutschen Nationalbibliografie; detaillierte bibliografische Daten sind im Internet über http://dnb.d-nb.de abrufbar.

ISBN: 9783346862082
Dieses Buch ist auch als E-Book erhältlich.

© GRIN Publishing GmbH
Trappentreustraße 1
80339 München

Druck und Bindung: Books on Demand GmbH, Norderstedt Germany
Gedruckt auf säurefreiem Papier aus verantwortungsvollen Quellen

Das Buch bei GRIN: https://www.grin.com/document/1330227

Deutsche Hochschule für

Prävention und Gesundheitsmanagement

Hermann Neuberger Sportschule 3

66123 Saarbrücken

Einsendeaufgabe

Fachmodul: Psychologie des Gesundheitsverhaltens

Studiengang: Gesundheitsmanagement (BGM)

Datum

Präsenzphase   **20.04.2020-22.04.2020**

Studienort: **Hamburg**

Semester: **WS-2019**

Inhaltsverzeichnis

1   Selbstwirksamkeitserwartung

1.1   Definition

Selbstwirksamkeitserwartung, auch Kompetenzerwartung genannt, ist die sozial-kognitive Theorie von dem Psychologen Albert Bandura (1994). Unter Selbstwirksamkeit (self-effi-cacy) versteht man, dass ein Individuum neue und schwierige Situationen allein durch den Glauben an die eigenen Kompetenzen und Fähigkeiten bewältigt. Demnach ist Selbstwirk-samkeitserwartung die eigene Einschätzung der eigenen Kompetenzen in Bezug auf Anforde-rungssituationen. Sie ist manchmal der entscheidende Faktor, um sich für Herausforderungen zu motivieren (Schwarzer, 2004, S.12).

1.2   Selbstwirksamkeitserwartung zur sportlichen Aktivität

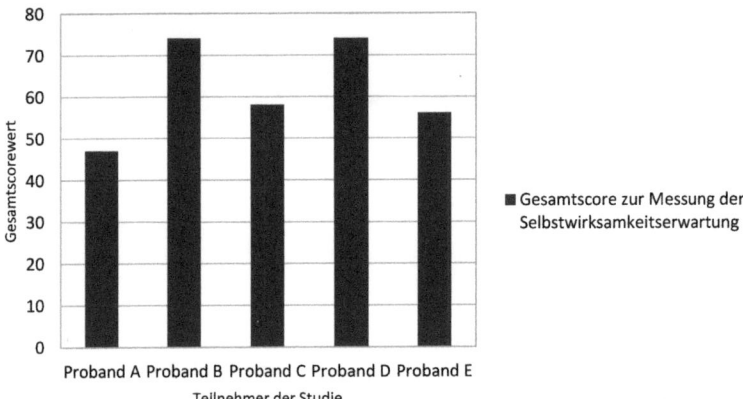

Die Maßnahme zur Untersuchung von Selbstwirksamkeitserwartung in Bezug auf die sportli-che Aktivität von Freizeitsportlern wurde im Jahr 2020 mithilfe von der „SSA-Skala - Selbst-wirsamkeitserwartung zur sportlichen Aktivität" erprobt. Der von Fuchs und Schwarzer im Jahre 1994 entwickelte Fragebogen beinhaltet 12 Fälle, wie z.B. Ich bin mir sicher, eine ge-plante Sportaktivität auch dann noch ausüben zu können, wenn ich müde bin. Diese sollen von den Probanden eingeschätzt werden auf einer Skala von 1 bis 7. 1 bis 3 bedeutet, dass der Teil-nehmer sich 'gar nicht sicher' ist, in diesem Fall sportlich aktiv zu werden. Wenn der Proband sich im Bereich 4 oder 5 bewegt, würde dieser 'vielleicht' Sport treiben und sobald man sich 'ganz sicher' ist, kreuzt man 6 oder 7 an (Fuchs & Schwarzer, 1994; zitiert nach Pieter, 2019, S.

92). Die durchgeführte Studie wurde an fünf Freizeitsportlern aus dem privaten Kreis erprobt. Die Teilnehmer im Alter von 19 bis 23 Jahren haben den Fragebogen persönlich beantwortet. Davon waren 60% der Teilnehmer weiblich. Am Ende wurden bei jedem Probanden die eingeschätzten Ziffern auf der Skala zu einem Gesamtscore summiert. Abbildung 1 zeigt die Ergebnisse der Studie. Die fünf Teilnehmer sind hier mit Buchstaben betitelt. Proband A hat einen Gesamtscore von 47 erzielt. Proband B erreichte einen Score von 74, genau wie Proband D. Die Teilnehmer C und E liegen ebenfalls sehr nah beieinander. C hat einen Gesamtscore von 58 und E erreichte 56. Es lässt sich feststellen, dass die Probanden alle vom Testwert nicht sehr weit voneinander entfernt liegen. Jeder hat sich in einigen Bereichen eine hohe Selbstwirksamkeit zugeschrieben. Jedoch lässt sich sagen, dass das Ergebnis nicht repräsentativ für diese Altersgruppe ist, da die durchgeführte Studie lediglich aus fünf Probanden bestand und eine Maßnahme mit mehr Teilnehmern in verschiedenen Altersgruppen und anderen Eigenschaften mehr Aufschluss geben würde.

1.3   Wissenschaftliche Studien zur Selbstwirksamkeitserwartung

Tabelle 1: Zusammenfassung zweier wissenschaftlicher Studien zum Thema Selbstwirksamkeitserwartung

	Dohnke et al. (2006)	Schneider & Rief (2007)
Fragestellung	In dieser Studie wurde die Ergebnis- und Selbstwirksamkeitserwartung von Hüftgelenkersatzpatienten nach einer Rehamaßnahme beobachtet. Es wurden zwei Hypothesen gebildet. Zum Einen sollten die Patienten bessere Rehaergebnisse erzielen, je positiver die Ergebniserwartung und je höher die Selbstwirksamkeitserwartung zu Beginn der Reha eingeschätzt wurde. Zum Anderen sollten die Ergebnisse besser ausfallen, wenn die Patienten schon Erfahrungen mit der Behandlung gemacht haben, je besser der körperliche Zustand ist und je höher das emotionale Wohlbefinden des Patienten ist.	In der Untersuchung wurde beobachtet, ob Erfolge bei der Therapie von somatoformer Schmerzstörung und anderen chronischen Schmerzen sich positiv auf die Selbstwirksamkeit der Patienten auswirkt. Hypothesen zum Ausgang der Untersuchung: Die Selbstwirksamkeitserwartungen nehmen bei Patienten mit somatoformer Schmerzstörung in Abhängigkeit von Verbesserung der Schmerzbewältigungsstrategie, der Abnahme ihrer schmerzbedingten Beeinträchtigung, der Abnahme ihrer allgemeinpsychischen Beeinträchtigung und erlebten Therapiefolgen zu.

Stichprobe	Die Studie wurde in 13 orthopädischen Rehakliniken an insgesamt 1065 Patienten durchgeführt. 60% der Patienten waren Frauen. Das Durchschnittsalter war 64,58 Jahre. 92% der Patienten hatten als Hauptdiagnose als Grund der Operation eine Hüftarthrose. Beginn der Maßnahme war durchschnittlich 21,56 Tage nach der Operation und dauerte im Schnitt 22,64 Tage.	Die Feldstudie wurde zu konsekutiv zu zwei Messzeitpunkten (am Anfang und am Ende einer stationären psychosomatischen Rehabilitation) in der Edertal Klinik durchgeführt. Die 316 Probanden im Alter von 47,9 Jahren (SD=7,4) erhielten als Hauptdiagnose eine anhaltende somatoforme Schmerzstörung und blieben im durchschnitt 38,4 Tage. 85,1% der Teilnehmer waren weiblich. Durchgeführt wurde die Studie zwischen April 2002 und Juli 2003.
Materialien/Test	Den Rehapatienten wurden ein Fragebogen zu Beginn, einer zum Ende und einer sechs Monate nach der Reha vorgelegt. Es wurde in den ersten beiden Bögen nach dem Geschlecht, dem Alter, nach Schmerzen und eingeschränkten ADL-Funktionen, den individuellen Ergebnis- und Selbstwirksamkeitserwartungen, depressiven Zuständen, Erfahrungen zu dieser Behandlung und nach einer ärztlichen Einschätzung des körperlichen Zustands gefragt. Die Patienten musste verschiedene Situationen auf einer Skala bewerten.	Es wurde ein theoriegeleitetes und ein programmgeleitetes Strukturgleichungsmodell entwickelt, mithilfe-dessen die Hypothesen durch Pfadanalysen überprüft werden sollten.
Untersuchungsdesign	Es wurde eine Querschnittsanalyse und Längsschnittanalyse durchgeführt.	Es wurden Strukturgleichungsmodelle entwickelt und kreuzvalidiert.

4

| Hauptergebnisse | Patienten hatten umso bessere Reha-Ergebnisse, also geringere Schmerzen, weniger eingeschränkte Aktivitäten des täglichen Lebens, am Reha-Ende, je positiver ihre Ergebniserwartungen und je höher ihre Selbstwirksamkeitserwartungen zu Reha-Beginn waren. Außerdem wurde eine Wechselwirkung zwischen einer hohen Selbstwirksamkeitserwartung und einer positiven Ergebniserwartung festgestellt. Beide Erwartungstypen waren umso stärker entwickelt, je besser der körperliche Gesundheitszustand war. Zudem waren Selbstwirksamkeitserwartungen umso höher, je geringer die Depressivitätswerte waren. Die Ergebniserwartungen waren umso positiver, je höher die Selbstwirksamkeitserwartungen waren. Positive Erfahrungen mit Behandlungen dieser Form waren mit höherer Selbstwirksamkeit aber mit weniger positiven Ergebniserwartungen verbunden. | Die Hypothesen, dass eine Verbesserungen der Schmerzbewältigungsstrategien, Reduktion der schmerzbedingten und allgemeinpsychischen Beeinträchtigung sowie erlebte Therapieerfolge zu einer Steigerung der Selbstwirksamkeitserwartungen führen. Die Veränderungen des psychischen und körperlichen Befindens üben zudem einen bedeutenden aber nicht so großen Einfluss auf die Selbstwirksamkeitserwartungen aus. Die beiden Modelle erreichen je 65% Varianz in der Selbstwirksamkeitsänderung. |

Im Vergleich der beiden wissenschaftlichen Studien lässt sich sagen, dass beide Studien die Selbstwirksamkeit in Bezug auf eine Behandlung beobachten. Während bei Schneider und Rief darauf eingegangen wird, welche Auswirkungen die Ergebnisse der Behandlung auf die Selbstwirksamkeitserwartung haben, ist es bei Dohnke et al. genau umgekehrt, wie sich die Selbstwirksamkeit auf das Ende der Reha auswirkt. Die Untersuchungsdesigns bestätigten in beiden Studien die Fragestellungen und Hypothesen. Es zeigte sich in der Querschnittsanalyse und Längsschnittanalyse, dass je höher die Selbstwirksamkeitserwartung und Ergebniserwartung zu Beginn einer Reha waren, desto besser fielen die Rehaergebnisse am Ende aus. Auch in der Feldstudie kam es zu einer höheren Selbstwirksamkeitserwartung, je besser die Therapie bei den somatoformen Schmerzpatienten anschlug.

2 Literaturrecherche

2.1 Definition Vegetarismus

Das Ernährungsverhalten, bei dem der Mensch auf den Verzehr von Tieren verzichtet, nennt sich Vegetarismus. Tiere aller Art sind dabei mit eingebunden, das bedeutet nicht nur Säugetiere, sondern auch Fische, Insekten und Vögel werden bei der Ernährung außen vor gelassen. Auch die Weiterverarbeitungen von Tieren wie zu Speisefettsäuren, Speisegelatine sowie Rinder- und Hühnerbrühe und tierisches Lab sind nicht in der Ernährung eines Vegetariers enthalten (Bendel, 2019). Je nachdem für welche Ausprägung sich das Individuum entscheidet, verzichtet die Person zusätzlich auf alle vom Tier stammenden Lebensmittel, also auch Milch, Milchprodukte, Eier, Käse und auch Honig. Dies nennt man dann Veganer. Wenn man noch weiterhin Milch, Milchprodukte und Käse zu sich nimmt, wird dies Lakto-Vegetarier genannt. Ein Ovo-Lakto-Vegetatier isst zusätzlich noch Eier (Keller & Leitzmann, 2011, S.21).

2.2 Der Vegetarismus im Transtheoretischen Modell

Die Entscheidung, fortan vegetarisch zu leben, kommt nicht von heute auf morgen. Auf den Fleischkonsum zu verzichten ist für viele Menschen erst einmal eine große Herausforderung. Jedoch empfiehlt es sich für einige Menschen, den Verzehr von Tieren drastisch zu reduzieren, da er eine Vielzahl von gesundheitlichen Nachteilen, wie z.B. eine hohe Cholesterinaufnahme, mit sich bringt. Dies kann dann zu Verfettung von Arterien und somit zu Herzversagen führen. Den Meisten sind die Konsequenzen des Fleischkonsums jedoch nicht bewusst. Der Weg bis hin zum Vegetarismus lässt sich mithilfe des Transtheoretischen Modells (TTM), auch „stages of change" genannt, beschreiben. Das Modell im Bereich der gesundheitlichen Verhaltensänderung wurde 1984 von Prochaska und DiClemente entwickelt. Es beinhaltet sechs Stufen, von der keine übersprungen werden kann. Die erste Stufe ist die der Absichtslosigkeit. In Hinblick auf den Vegetarismus erkennt das Individuum keine Nachteile/Probleme am Fleischkonsum, es fehlen ihm die Informationen, die zu einer Absicht führen, demnächst auf den Verzehr von Tieren zu verzichten. Befindet sich die betroffene Person auf der zweiten Stufe, der Absichtsbildung, erkennt derjenige sein kritisches Verhalten und nimmt sich vor, in absehbarer Zeit auf vegetarische Ernährung umzusteigen. Die nächste Stufe befasst sich mit der Vorbereitung zur tatsächlichen Ausführung. Die Person überlegt sich, wie er jeglichen Verzicht von Tieren am besten umsetzen kann. Die Stufe Vier, die Handlung, ist die Umsetzung seit weniger als sechs

Monaten. Der Vegetarier lernt seine neue Ernährung kennen und gewöhnt sich an das neu erworbene Verhalten. Die Stufe der Aufrechterhaltung dient der Beibehaltung des Verhaltens im Alltag. Das Individuum bleibt auf dieser Stufe sein Leben lang, sofern kein Rückfall erfolgt. Die oft außen vor gelassene sechste Stufe, die Stabilisierung, bedeutet, dass das Individuum das Zielverhalten zu Hundert Prozent beibehält und ein Rückfall ausgeschlossen ist. Bei einem Vegetarier wäre das der tatsächliche Verzicht auf den Verzehr von Tieren ein Leben lang (Prochaska, J. O. & Diclemente, C. C., 1982, S. 276-288).

2.3 Die Entstehung des Vegetarismus

Die Entstehung von vegetarischer Ernährung hat eine lange Geschichte bis hin zur Antike. Die Religion des Orpheus (Orphik) lebte schon in sämtlichen Lebensbereichen enthaltsam. Sie lehnten es laut Leitzmann ab, etwas mit einer Seele zu verspeisen, Eier zu essen und Wolle zu tragen. Damit wurden ganz neue kulturelle Maßstäbe für die Zukunft gebildet. Im weiteren Verlauf der Geschichte griff der bekannte Philosoph Pythagoras, der 570-500 v. Chr. lebte, den damaligen Vegetarismus auf und verbreitete ihn bei seinen Anhängern und Nachfahren (Leitzmann, 2007, S. 30-32). Auch große Religionen wie der Buddhismus, der Hinduismus oder der Jainismus predigen bis heute eine fleischlose Ernährung aus Gründen des Kreislaufes der Seelenwanderung,der Wiedergeburt oder auch aus Ehrfurcht vor dem Leben in allen seinen Formen. Auch noch lange danach wurden Vegetarier nicht ernst genommen, sie wurden wie eine Sekte verachtet und blieben somit lange eine große Minderheit (Keller & Leitzmann, 2011, S. 21).

2.4 Verbreitung des Vegetarismus heute

Anzahl der Personen in Deutschland, die sich selbst als Vegetarier einordnen oder als Leute, die weitgehend auf Fleisch verzichten*, von 2014 bis 2019 (in Millionen)
Umfrage in Deutschland zur Anzahl der Vegetarier bis 2019

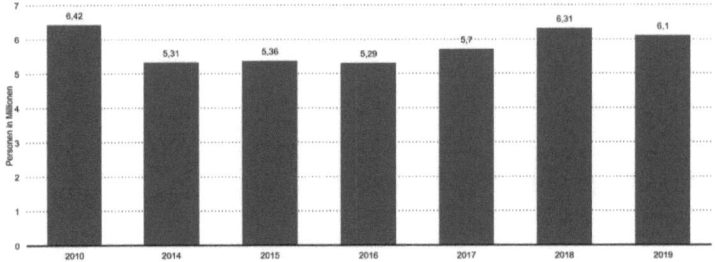

Die von IfD Allensbach stammende Statistik wurde 2019 veröffentlicht. Sie zeigt die Anzahl der Deutschen Einwohner ab 14 Jahren, die sich selbst eine weitgehend fleischlose Ernährung zuschreiben. Wie man der aktuellen Statistik entnehmen kann, hat sich die Sicht auf eine fleischlose Ernährung revolutioniert. Immer mehr Menschen entscheiden sich größtenteils auf den Verzehr von Tieren zu verzichten. Allein seit 2017 hat sich die Anzahl an Vegetariern um 400.000 Menschen erhöht.

Und nicht nur in Deutschland ist die Zahl an vegetarisch lebenden Personen gestiegen, wie Abbildung 3 zeigt.

Anteil der Bevölkerung der sich vegetarisch ernährt in weltweiten Regionen im Jahr 2016
Anteil der Vegetarier an der Bevölkerung weltweit nach Regionen 2016

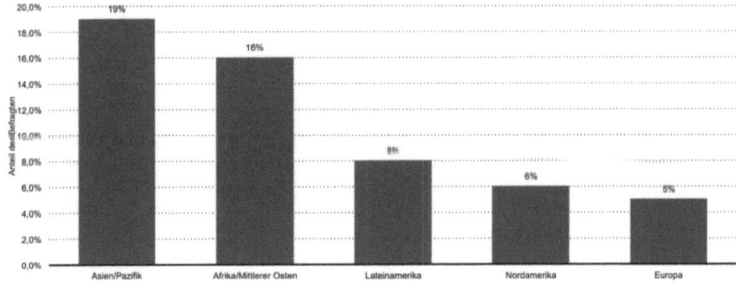

Auch dieses von Nielsen im Jahr 2016 veröffentlichte Diagramm veranschaulicht, dass weltweit der Vegetarismus keine Seltenheit mehr ist. Es wurden 30.000 Menschen in 63 Ländern befragt. Allein in Asien hat fast 20% der Befragten angegeben, sich pflanzlich zu ernähren.

Beide Statistiken aus Abbildung 2 und Abbildung 3 zeigen, dass der Vegetarismus mittlerweile einen großen Durchbruch hatte. Heute ist die pflanzliche Ernährungsweise eine der beliebtesten auf der ganzen Welt und findet immer mehr und mehr Angehörige.

2.5 Präventions- und Interventionsprogramme zur Aufklärung über erhöhten Fleischkonsum

Zur gesundheitlichen Auswirkung einer vegetarischen Ernährung wurden einige Studien durchgeführt, die den Zusammenhang von der Ernährungsweise und Häufigkeit chronischer Erkrankungen und/oder der Sterblichkeit herausstellen sollten, da die gesundheitlichen Folgen für den Menschen umstritten sind. Sehr erfolgreich und aufschlussreich war die Adventist Health Study-2 in den USA und Kanada.

An der Adventist Health Study-2 nahmen in den Jahren 2002 bis 2007 ca. 96.000 Menschen teil. Die aus den USA und Kanada stammenden Probanden, waren zwischen 15 und 112 Jahre alt und gehören alle den Siebten-Tags-Adventisten an. Es gaben 8% an, vegan zu leben, 28% waren Vegetarier und 10% waren Pesco-Vegetarier, das bedeutet sie verzichten nur auf Fleisch, essen jedoch Fisch und andere tierische Produkte. 6% der Teilnehmer essen weniger als einmal die Woche Fleisch und 48% mehr als einmal die Woche.

Die Teilnehmer füllten zu Beginn einen Fragebogen mit 50 Seiten zu Ernährung und Lebensstil aus. Daraufhin bekamen die Probanden alle zwei Jahre auf postalischem Weg ein Formular, in dem sie ihre Krankengeschichte der letzten zwei Jahre bezüglich Krankenhausaufenthalten und Diagnosen von Krebs, Schlaganfall, Herzinfarkt und Diabetes dokumentieren sollten.

Hauptergebnisse der Studie waren zum einen, dass im Durchschnitt Nicht-Vegetarier ein höheres Gewicht aufwiesen, als die, die sich pflanzlich ernähren: 55-jährige Veganer wiegen ungefähr 30 Pfund weniger, als Nicht-Veganer derselben Größe.

Außerdem zeigte sich, dass je eher sich die Teilnehmer pflanzlich ernähren, desto geringer war das Auftreten von Diabetes, Bluthochdruck, einem metabolischen Syndrom und einem hohen Cholesterinspiegel.

Zudem fand man heraus, dass das Risiko an Typ-2-Diabetes zu erkranken halb so hoch war bei Veganern und Vegetariern, als bei den Fleischessern.

Des Weiteren wurde der Vitamin D-Status untersucht. Vitamin D ist besonders wichtig für das Immunsystem und zur Vorbeugung von Osteoporose, aber auch Herzkrankheiten, Krebs und Diabetes. Es ist natürlicherweise hauptsächlich in tierischen Produkten zu finden. In der Adventist Health Study-2 ergaben sich keine Mängel durch pflanzliche Ernährung, denn durch Sonneneinstrahlung oder Nahrungsergänzungsmittel lässt sich ein ausreichender Vitamin D-Haushalt aufbauen (Orlich, M., 2013).

2.6 Konsequenzen für eine gesundheitsorientierte Beratung

Aus den vorangegangenen Punkten ergeben sich Konsequenzen für den Berater. Vegetarismus findet heute eine viel breitere Zustimmung, weshalb man dem Thema auch als gesundheitsorientierter Berater mehr Beachtung schenken muss. Wie in 2.2 vorgestellt, muss man einen individuellen Weg für den Kunden finden, dass das Problemverhalten des übermäßigen Fleischkonsums, reduziert oder gar vermieden werden kann. Der Berater kann sich, wie in 2.2 beschrieben, am TTM „entlanghangeln".

Auch durch die in der in Punkt 2.5 vorgestellten Adventist Health Study-2 ergeben sich Konsequenzen für den Berater. Hat sein Klient beispielsweise Probleme mit seinem Cholesterinspiegel, mit Bluthochdruck oder mit Vitamin-D-Mangel, könnte das an der Ernährungsweise liegen. Für den Berater ist es dann wichtig, den Kunden über mögliche gesundheitliche Nachteile in diesen Bereichen aufzuklären und das es vielleicht besser für seine Gesundheit wäre auf Fleisch weitestgehend zu verzichten.

Zudem kann sich der Berater an anerkannten Empfehlungen großer Organisationen inspirieren lassen, die eine „Anleitung" geben, wie man sich gesund ernährt. Bezüglich tierischer und pflanzlicher Ernährung haben die Deutsche Gesellschaft für Ernährung und die World Health Organization auf Mengen begrenzt, die eine gesunde Ernährung ausmachen sollte.

2.6.1 Die Deutsche Gesellschaft für Ernährung e.V.

Die Deutsche Gesellschaft für Ernährung e.V. [DGE] empfiehlt in ihren „10 Regeln" sich möglichst vielseitig und vorwiegend pflanzlich zu ernähren. Außerdem solle man zu mindestens drei Portionen Gemüse und zwei Portionen Obst am Tag greifen. Die DGE rät zudem täglich Milch und Milchprodukte zu sich zu nehmen, Fisch auf einmal die Woche und Fleisch auf 300-600 Gramm pro Woche zu reduzieren (Deutsche Gesellschaft für Ernährung e.V., 2017).

2.6.2 Die World Health Organization

Auch die World Health Organization gibt eine Empfehlung für die gesunde Ernährung von Erwachsenen. Nach ihr soll man mindestens fünf Portionen (400g) Obst und Gemüse am Tag essen. Zudem solle weniger als 30% der Gesamtenergie aus Fetten bestehen. Dabei sind ungesättigte Fette in z.b. Fisch denen der gesättigten Fette, wie beispielsweise in Fleisch, vorzuziehen (World Health Organization, 2020).

3 Beratungsgespräch

3.1 Einordnung in das Transtheoretische Modell

Frau Müller hat sich in der Vergangenheit dem Heranziehen ihrer Kinder gewidmet und hat ihre eigene Fitness und Gesundheit außen vor gelassen. Sie hatte in der Zeit keine Absicht, ihr Verhalten zu ändern. Nun ist sie aus der Sicht des in 2.2 dargestellten fünf-stufigen Transtheoretischen Modells eine Stufe „vorgerückt": die Absichtsbildung. Sie weiß durch ihre Unzufriedenheit mit ihrer Figur und ihrer Ernährung, dass ihr Verhalten ein Problem darstellt, weiß aber noch nicht wie sie es ändern kann. Die nächste Stufe, auf der sie sich zur Zeit befindet, ist die Vorbereitung, die sie mit dem Termin zur Beratung „betritt". Sie entscheidet sich Informationen einzuholen, wie sie ihr Ziel abzunehmen erreichen kann und leitet erste Schritte ein, um dann in nächster Zeit damit zu beginnen die Maßnahmen in die Tat umzusetzen (Pieter, 2019, S. 190-191).

Die gesundheitspsychologischen Ziele, die während der Intentions- und Zielbildungsphase erreicht werden sollen, wären zum einen, dass Frau Müller die nötigen Maßnahmen zum Abnehmen selbst findet. Sie sollte eigene Ideen entwickeln, wie sie ihr Verhalten ändern könnte und wozu sie in dem Moment bereit wäre. Auch ihre Selbstwirksamkeitserwartung sollte gestärkt werden, damit sie daran glaubt ihr Vorhaben durch eigene Kraft in die Tat umsetzen zu können.

Frau Müller's Problem liegt nicht darin, dass sie nicht genügend Motivation zum Abnehmen aufbringen kann, sondern dass sie nicht weiß, wie sie das umsetzen soll. Sie befindet sich also am Anfang der präaktionalen Volitionsphase. Demnach müssen Strategien zur Verhaltensänderung folgen, damit Frau Müller auf die nächsten Stufen des TTM aufsteigt und diese auch hält.

11

3.2 Rolle des Beraters und erste Schritte der Beratung

3.2.1 Die Rolle des Beraters

Ein Individuum entscheidet selbst, ob etwas in seinem Leben verändert wird oder nicht. Ein Berater kann die Person, die zu ihm kommt, nur über fachliche Dinge aufklären und ihm Unterstützung geben, wie er diese Veränderungen vornehmen kann. Dabei muss er in der Beratung darauf achten, dass sein Klient Möglichkeiten zur Erreichung seiner Ziele selbst findet, denn nur er weiß, wozu er in diesem Moment bereit ist und wie wichtig ihm die Veränderung ist. Der Berater leitet ihn nur an, stellt Mittel zur Verfügung und lässt den Klienten ausgehend von seinen Optionen den richtigen Weg zur Erreichung seiner Ziele selbst finden (Pieter, 2019, S. 213-214).

3.2.2 Die ersten Schritte

Die ersten Schritte in einer Beratung gehen über die Begrüßung, die den ersten Eindruck vom Berater und Unternehmen prägt, hinaus. Auch die organisatorische und mentale Vorbereitung vor dem eigentlichen Gespräch ist sehr wichtig für das Bild, das der Klient vom Dienstleister bekommt. Zunächst sollte genügend Zeit für die Beratung eingeplant sein. Außerdem müssen alle Materialien bereitliegen und der Berater muss alle vorhandenen Informationen über den Kunden kennen, um optimale Voraussetzungen für den Verkauf zu schaffen. Zudem sollte der Berater sich seiner eigenen Rolle bewusst sein, selbst überzeugt davon sein, dass seine Leistung die Lösung des Problems ist und er sollte auf jeden Kunden individuell eingehen können.

Des Weiteren ist Vertrauen und Sympathie ein entscheidender Faktor für das Unternehmen und den Verkauf von dessen Dienstleistungen, denn diese sind immateriell, also nicht greifbar oder sichtbar. Deshalb sollte der Berater eine positive Beziehungsebene zu dem Kunden aufbauen, indem er auf sein Äußeres achtet, Blickkontakt hält und freundlich lächelt. Dadurch fühlt sich der Kunde als solcher wertgeschätzt. Außerdem ist für die Beziehungsebene die Kontaktaufnahme mit Namen und Aufgaben im Betrieb förderlich und trägt zum Vertrauen bei. Ebenfalls sollte man als Berater nicht direkt auf den Abschluss einer Mitgliedschaft eingehen, sondern versuchen Gemeinsamkeiten durch Fragen nach den Interessen und durch Smalltalk zu finden, was wiederum eine vertraute Basis schafft.

Auch die nonverbale Kommunikation ist ein wichtiger Bestandteil der Beratung, denn sowohl bewusst als auch unbewusst stellt der Mensch Gemeinsamkeiten fest und durch ähnliche Mimik und Gestik wird dem Kunden ein positives Gefühl vermittelt, dem Gegenüber Vertrauen zu schenken. Ein guter Berater weiß also, wie er unauffällig die Bewegungen und Sprechweise des

Klienten spiegelt. Das positive Gefühl, welches dabei entsteht, wird als Rapport bezeichnet. Wenn der Kunde im Nachhinein unbewusst die Bewegungen des Beraters kopiert, befindet er sich im Zustand des Rapports, was ein gutes Zeichen für eine positive Beziehungsebene ist und somit auch für den anschließenden Verkauf.

Jedoch ist es auch an dem Berater, die in 1.1 dargestellte Selbstwirksamkeitserwartung zu stärken. Eine Entscheidung zur Veränderung wird nicht stattfinden, wenn der Kunde nicht selbst an seine Fähigkeiten glaubt und damit die Veränderung zu meistern (Pieter, 2019, S. 213-220).

3.3 Dialog Beratungsgespräch

Berater: „Hallo, Frau Müller, ich bin Lena Meyer, ihr Fitnesstrainer für den heutigen Tag. Wir haben den Beratungstermin zusammen. Darf ich auch ihren Vornamen erfahren?"

Frau Müller: „Ah schön dich kennenzulernen, nenne mich doch Ina."

Berater: „Also schön, Ina, dann folge mir doch in unseren Beratungsraum, dort können wir uns in Ruhe unterhalten. Möchtest du etwas trinken?"

Frau Müller: „Ja, gerne. Ein Wasser, bitte."

(Sie setzen sich in den Beratungsraum, die Beraterin links neben die Kundin)

Berater: „Was hat dich denn heute zu uns geführt?"

Frau Müller: „Ich habe über den Winter gemerkt, dass ich mich in meiner Haut nicht mehr wohl fühle. Ich bin Mutter zweier Kinder und habe mich seit der Geburt meiner Kinder vielleicht etwas mehr gehen lassen."

Berater: „Ahja, das verstehe ich gut. Die Kleinen können einen ganz schön auf Trab halten. Ich kenne das von meinem Neffen. Hast du denn früher schon Sport getrieben?"

Frau Müller: „Ja sogar sehr gerne. Ich bin regelmäßig ins Fitnessstudio gekommen und bin häufig draußen Joggen gewesen."

Berater: „Das klingt ja wirklich sehr fleißig. Und wie sieht es heute mit deiner Ernährung aus?"

Frau Müller: „Die ist sehr ausbaufähig." (Beide lachen) „Meistens gibt es irgendetwas Schnelles zum Mittag und Abends gibt es Brot. Die Kinder mögen leider auch nicht viel also koche ich meistens die typischen Kindergerichte von Spaghetti Bolognese bis Schnitzel mit Pommes. Daher kommt wahrscheinlich auch vorwiegend mein Übergewicht. Naja und von meiner Arbeit."

Berater: „Warum? Wie sieht denn dein Arbeitsalltag aus?"

Frau Müller: „Ich stehe meistens um 6:00 Uhr auf und mache Frühstück für die Kleinen. Dann geht's los und ich bringe die Kinder jeweils in den Kindergarten und in die Schule. Für mich bleibt da gerade mal Zeit um mir ein Brot auf die Hand mitzunehmen. Wenn ich bei der Arbeit angekommen bin, sitze ich den ganzen Vormittag bis zum Feierabend um 13:30 Uhr."

Berater: „Habe ich es richtig verstanden, dass du viel Zeit auf einem Stuhl verbringst?"

Frau Müller: „Ja."

Berater: „Hast du dadurch auch Rückenschmerzen, Ina?"

Frau Müller: „Häufig kann ich deshalb nicht mehr mit meiner Vierjährigen spielen und daran würde ich auch gerne arbeiten."

Berater: „Also bist nicht nur unzufrieden mit deiner Figur, sondern möchtest auch wieder beschwerdefrei sein? Hast du denn auch noch andere gesundheitliche Probleme?"

Frau Müller: „Ja genau. Ansonsten fehlt es mir aber an nichts"

Berater: „Okay, aber ich glaube fest an dich, dass du das schaffen kannst. Hast du schon eine Vorstellung, wie du dein Ziel erreichen kannst?"

Frau Müller: „Nein und deshalb bin ich hier."

Berater: „Alles gut, gemeinsam finden wir die perfekte Lösung für dich. Als du früher ins Fitnessstudio gegangen bist, was hat dir da am meisten Spaß gemacht?"

Frau Müller: „Ich bin immer gerne in die Kurse gegangen. Damals waren das Pilates, Zumba und BodyPump. Ab und zu bin ich zur Abwechselung auch an die Geräte gegangen."

Berater: „Oh super, da hast du ja schon eine große Bandbreite, um Abzunehmen und deinen Rücken zu stärken. Wir haben heute zwar keinen Zumbakurs mehr, aber eine tolle neue Alternative. Wollen wir mal einen kleinen Rundgang machen, sodass ich dir unser Studio zeigen kann?"

Frau Müller: „Klar, sehr gerne."

(Der Berater zeigt ihr zuerst den Kursraum und erklärt ihr das Kursangebot.)

Berater: „Auch unsere Rückenschule wäre ein toller Kurs, damit du endlich wieder schmerzfrei leben und mit deinen Kindern spielen kannst."

Frau Müller: „Das würde mir viel bedeuten."

Berater: „Folge mir doch auf die Fitnessfläche, dann zeige ich dir noch, was wir tun können, dass du dein Wunschgewicht wieder erreichst."

(Nachdem Frau Müller das Studio individuell gezeigt bekommen hat, gehen beide wieder in den Beratungsraum. Lena nippt an ihrem Glas, Frau Müller tut es ihr gleich.)

Berater: „Hast du nun vielleicht eine grobe Vorstellung, wie dein Weg zu deiner Traumfigur aussehen könnte? Inwiefern findest du Zeit und die Motivation, dieses Ziel erreichen zu können?"

Frau Müller: „Ich denke, ich finde Montags, Mittwochs und vielleicht Freitags jeweils eine Stunde Zeit, ins Studio zu gehen. Da könnte mein Mann auf die Kinder aufpassen. Denkst du, das würde ausreichen?"

Berater: „Das wäre schon ein toller Anfang. Natürlich müssen wir auch schauen, wie wir deine Ernährung anpassen könnten. Wenn ich dich richtig verstanden habe, gibt es oft kalorienreiche und schnelle Kost, habe ich recht?

Frau Müller: Ja leider schon, ich würde gerne gesünder kochen, weiß aber nicht, wie meine Kinder das annehmen."

Berater: „Keine Sorge, Ina, ich habe für dich das perfekte Angebot. Wir haben eine Mitgliedschaft in unserem Fitnessclub, die perfekt auf dich zugeschnitten ist und sehr beliebt bei Müttern ist. Da leider viele Mütter nicht mehr die Zeit für sich selbst finden, um sich ihren Kindern zu widmen, haben wir einen hauseigenen „Miniclub" ins Leben gerufen, der jeden Tag um 18:00 Uhr stattfindet. So können deine Kinder durch deine Mitgliedschaft bei uns in der Spielecke beaufsichtigt malen und spielen. Währenddessen kannst du dich auf der Fläche oder in den Kursen auspowern. Wir finden zusammen ein stimmiges Workout, dass du dein Ziel abzunehmen erreichst. Als Hilfe für eine gesündere Ernährung empfehle ich dir unseren sehr beliebten Ernährungskurs zu besuchen, in dem dir alles Grundlegende für eine rundum ausgewogene Ernährung erklärt wird. Was sagst du dazu?"

Frau Müller: „Das kling unglaublich. Das wäre perfekt."

Berater: „Klasse! Das freut mich zu hören. Wollen wir dann über das Formale sprechen?"

Frau Müller: „Klar, umsonst bekomme ich diese Leistung ja sicherlich nicht." (Sie lacht)

Berater: „Uns ist klar, dass es bei Familien mit zwei Kindern meistens etwas schwierig ist, den Beitrag für eine Mitgliedschaft aufzubringen. Deshalb ist dieses Programm für Eltern auch so beliebt. Denn du kannst deine Kinder sorglos mitnehmen und in der Anlage Sport machen sowie alle Kurse besuchen zu einem sagenhaften Beitrag von 79,90€ im Monat. Getränke sind inklusive und die Aufnahme kostet dich nichts. Ich versichere dir, dass du eine optimale Betreuung für dich und deine Kinder erhälst. Ich glaube, das ist ein tolles Angebot für dich, was meinst du?"

Frau Müller: „Ja das klingt wirklich fantastisch. Ich hätte noch ein paar Fragen zu der Einrichtung für die Kinder. Werden meine Kinder dort wirklich rund um die Uhr beaufsichtigt und wo genau sind sie dann in der Zeit, wenn ich beim Sport bin?"

Berater: „Das sind sehr berechtigte Fragen, Ina. Meine Kollegin Sarah kommt jeden Tag um 18 Uhr, um sich um die Kinder zu kümmern. Das Ganze findet in unserem Spieleland statt, dort ist auch eine kleine Hüpfburg und Sarah malt mit den Kindern im Atelier. Hast du sonst noch Fragen die dich zögern lassen, Mitglied in unserem Club zu werden?"

Frau Müller: „Nein, im Moment nicht."

Berater: „Du kannst jederzeit wieder auf mich zukommen, wenn noch Fragen auftauchen sollten. Dann würde ich mich freuen wenn du mit diesem Formular unserem Club beitrittst. Ich bin mir sicher, du passt perfekt hierher und wir können gemeinsam an deinen Zielen abzunehmen und endlich wieder beschwerdefrei zu sein arbeiten."

(Die Beraterin reicht ihr den Vertrag für die Mitgliedschaft, und schenkt ihr noch einen Gutschein für einen Shake)

Frau Müller: „Vielen Dank für die nette Beratung, ich freue mich, bald hierherzukommen."

Berater: „Gerne und ich bedanke mich auch."

Frau Müller: „Bis bald."

Berater: „Bis bald."

4   Literaturverzeichnis

Bendel, O. (2019). *Vegetarismus*. Gabler Wirtschaftslexikon. Zugriff am: 24.05.2020. Verfügbar unter https://wirtschaftslexikon.gabler.de/definition/vegetarismus-120662/version-370270

Deutsche Gesellschaft für Ernährung e.V. (2017). *Vollwertig essen und trinken nach den 10 Regeln der DGE*. 10. Auflage. Bonn: Deutsche Gesellschaft für Ernährung e.V.

Dohnke, B., Müller-Fahrnow, W. & Knäuper, B. (2006). Der Einfluss von Ergebnis- und Selbstwirksamkeitserwartungen auf die Ergebnisse einer Rehabilitation nach Hüftgelenkersatz. *Zeitschrift für Gesundheitspsychologie, 14 (1), 11-20*.

IfD Allensbach. (2019). *Anzahl der Personen in Deutschland, die sich selbst als Vegetarier einordnen oder als Leute die weitgehend auf Fleisch verzichten, von 2014 bis 2019 (Personen in Millionen)*. Zitiert nach de.statista.com. Zugriff am 22.04.2020. Verfügbar unter https://de.statista.com/statistik/daten/studie/173636/umfrage/lebenseinstellung-anzahl-vegetarier/

Keller, M. & Leitzmann, C. (2011). Vegetarische Ernährung. Eine Ernährungsweise mit Zukunft. *Spiegel der Forschung, 1, S. 21*.

Leitzmann, C. (2007). *Vegetarismus: Grundlagen, Vorteile, Risiken*. 2. Auflage. S. 30-32. München: C. H. Beck.

Nielsen. (2016). *Anteil der Bevölkerung der sich vegetarisch ernährt in weltweiten Regionen im Jahr 2016*. Zitiert nach de.statista.com. Zugriff am 22.04.2020. Verfügbar unter https://de.statista.com/statistik/daten/studie/690384/umfrage/anteil-der-vegetarier-weltweit-nach-regionen/

Orlich, M., Singh, P., Sabaté, J., et. al. (2013). *Vegerarian Dietary Patterns and Mortality in Adventist Health Study-2*. In: Jama Internal Medicine. Zugriff am: 01.05.2020. Verfügbar unter https://jamanetwork.com/journals/jamainternalmedicine/article-abstract/1710093

Pieter, A. (2019), *Studienbrief Psychologie des Gesundheitsverhaltens* (rev. 21.035.000). Saarbrücken, Deutsche Hochschule für Prävention und Gesundheitsmanagement.

Prochaska, J. O. & Diclemente, C. C. (1982). *Transtheoretical Therapy. Toward a more integrative model of change. Psychotherapy: Theorie, Research & Practice*, 19 (3), S. 276-288.

Schneider, J. & Rief, W. (2007). Selbstwirksamkeitserwartungen und Therapieerfolge bei Patienten mit anhaltender somatoformer Schmerzstörung *(ICD-10: F45.4). Zeitschrift für Klinische Psychologie und Psychotherapie, 36 (1), 46-56.*

Schwarzer, R. (2004). *Psychologie des Gesundheitsverhaltens. Einführung in die Gesundheitspsychologie* (3. Auflage). Göttingen: Hogrefe.

World Health Organization (2020). *Healthy diet.* Zugriff am: 04.05.2020. Verfügbar unter https://www.who.int/news-room/fact-sheets/detail/healthy-diet

5 Abbildungs- und Tabellenverzeichnis

5.1 Abbildungsverzeichnis

5.2 Tabellenverzeichnis